Impressum
Verlag: BABADADA GmbH, Nedderfeld 112 , 22529 Hamburg
Geschäftsführer / Verlagsleitung: Harald Hof
Druck: Books on Demand GmbH, In de Tarpen 42, 22848 Norderstedt

Imprint
Publisher: BABADADA GmbH, Nedderfeld 112 , 22529 Hamburg, Germany
Managing Director / Publishing direction: Harald Hof
Print: Books on Demand GmbH, In de Tarpen 42, 22848 Norderstedt, Germany

skola

القسم
klases telpa

يقسم
dalīt

186/2

باحة المدرسة
skolas pagalms

اللوح
tāfele

المعلم
skolotājs

ورقة
papīrs

يكتب
rakstīt

القلم
pildspalva

طاولة المكتب
rakstāmgalds

المسطرة
lineāls

الكتاب
grāmata

التلميذ
skolēns

الحقيبة المدرسية
skolas soma

المقلمة
penālis

قلم الرصاص
zīmulis

البرّاية
zīmuļu asināmais

الممحاة
dzēšgumija

دفتر الرسم
zīmēšanas bloks

الرسمة

zīmējums

الفرشاة

ota

علبة التلوين

krāsas

المقص

šķēres

المادة اللاصقة

līme

دفتر التمارين

darba burtnīca

الواجب المدرسي

mājas darbs

12

الرقم

skaitlis

2+2

يجمع

saskaitīt

5-2

يطرح

atņemt

2×2

يضرب

reizināt

يحسب

rēķināt

A

الحرف

burts

ABCDEFG HIJKLMN OPQRSTU VWXYZ

الأبجدية

alfabēts

hello

كلمة

vārds

النص

teksts

يقرأ

lasīt

الطبشور

krīts

الحصة

mācību stunda

دفتر الدوام المدرسي

žurnāls

الامتحان

eksāmens

شهادة

liecība

اللباس المدرسي

skolas forma

التعليم

izglītība

الموسوعة

enciklopēdija

الجامعة

universitāte

المجهر

mikroskops

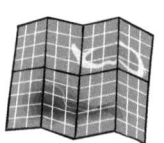

الخريطة

karte

قماما

papīrgrozs

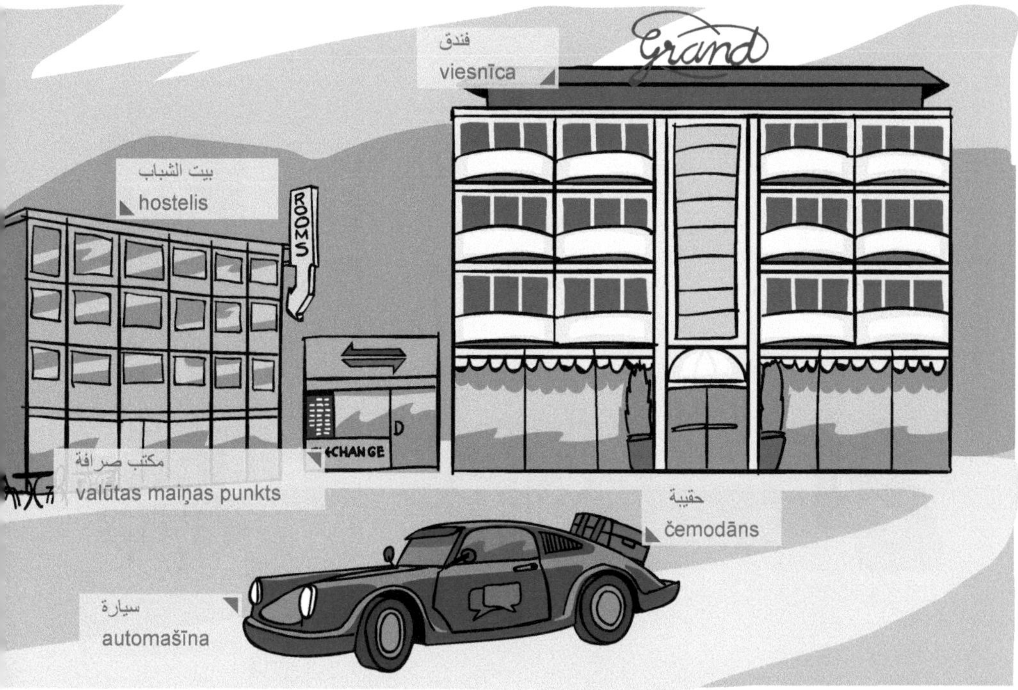

ceļojums

فندق
viesnīca

Grand

بيت الشباب
hostelis

ROOMS

مكتب صرافة
valūtas maiņas punkts

EXCHANGE

حقيبة
čemodāns

سيارة
automašīna

اللغة
....
Valoda

نعم / لا
....
jā / nē

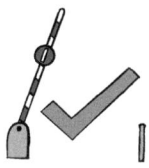

حسناً
....
Okay

مرحباً
....
Sveiki!

مترجم
....
tulks

شكراً
....
paldies

كم ثمن ... ؟

Cik maksā...?

لا أفهم

Es nesaprotu

مشكلة

problēma

مساء الخير

Labvakar!

صباح الخير!

Labrīt!

ليلة سعيدة

Ar labu nakti!

إلى اللقاء

Uz redzēšanos

اتجاه

virziens

أمتعة السفر

bagāža

حقيبة

soma

حقيبة ظهر

mugursoma

ضيف

viesis

غرفة

istaba

كيس للنوم

guļammaiss

خيمة

telts

استعلامات سياحية

tūrisma informācija

شاطئ

pludmale

بطاقة ائتمان

kredītkarte

إفطار

brokastis

طعام الغداء

pusdienas

العشاء

vakariņas

بطاقة سفر

biļete

مصعد

lifts

طابع بريدي

pastmarka

حدود

robeža

الجمارك

muita

سفارة

vēstniecība

تأشيرة

vīza

جواز سفر

pase

نقل

transports

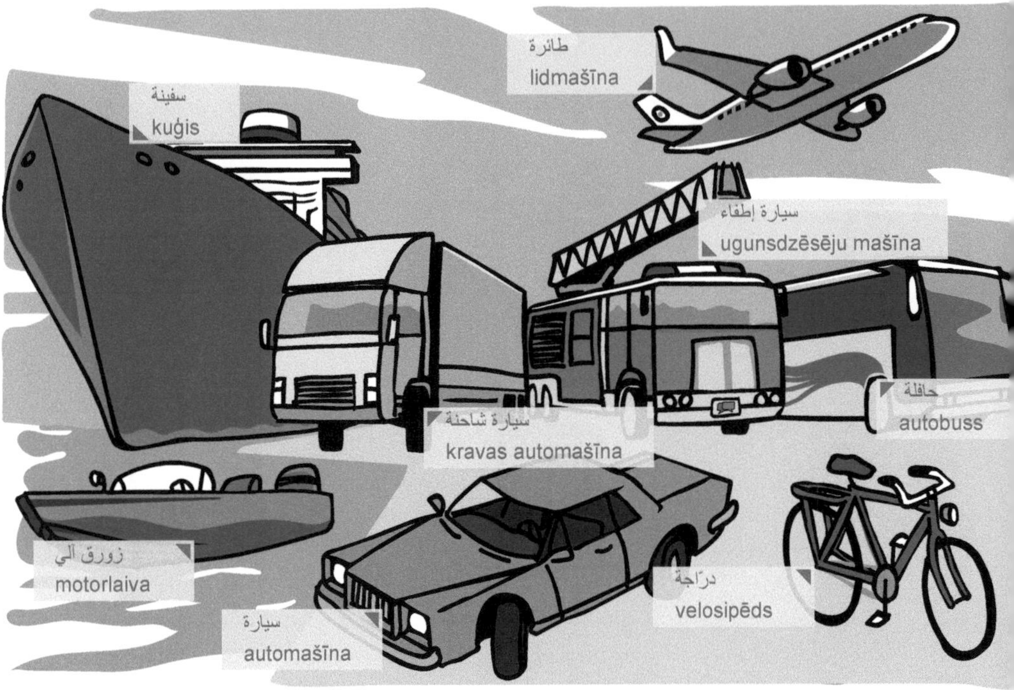
طائرة
lidmašīna
سفينة
kuģis
سيارة إطفاء
ugunsdzēsēju mašīna
حافلة
autobuss
سيارة شاحنة
kravas automašīna
زورق آلي
motorlaiva
دراجة
velosipēds
سيارة
automašīna

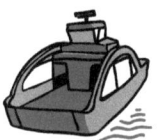

عبارة

prāmis

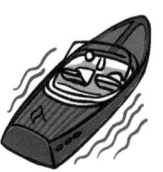

قارب

laiva

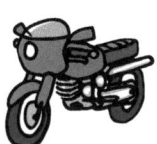

دراجة نارية

motocikls

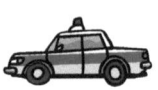

سيارة شرطة

policijas automašīna

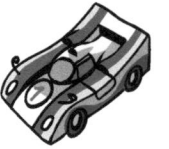

سيارة سباق

sacīkšu automobilis

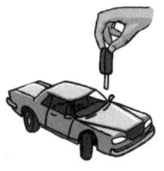

سيارة مستأجرة

nomas auto

أسلوب تشاركي في استئجار السيارات

....

auto koplietošana

سيارة للجر

....

evakuators

سيارة نقل القمامة

....

atkritumu mašīna

محرك

....

dzinējs

وقود

....

benzīns

محطة وقود

....

degvielas uzpildes stacija

إشارة مرور

....

ceļa zīme

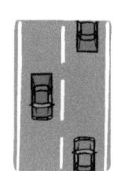

حركة السير

....

satiksme

ازدحام سير

....

sastrēgums

موقف سيارات

....

stāvvieta

محطة قطار

....

dzelzceļa stacija

سكك حديدية

....

sliedes

قطار

....

vilciens

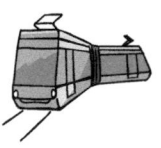

ترام

....

tramvajs

عربة قطار

....

vagons

طائرة مروحية

helikopters

مطار

lidosta

برج

tornis

مسافر

pasažieris

حاوية

konteiners

علبة كرتون

kaste

عربة يد

ratiņi

سلة

grozs

يقلع / يهبط

pacelties / nosēsties

مدينة

pilsēta

قرية

ciems

مركز المدينة

pilsētas centrs

بيت

māja

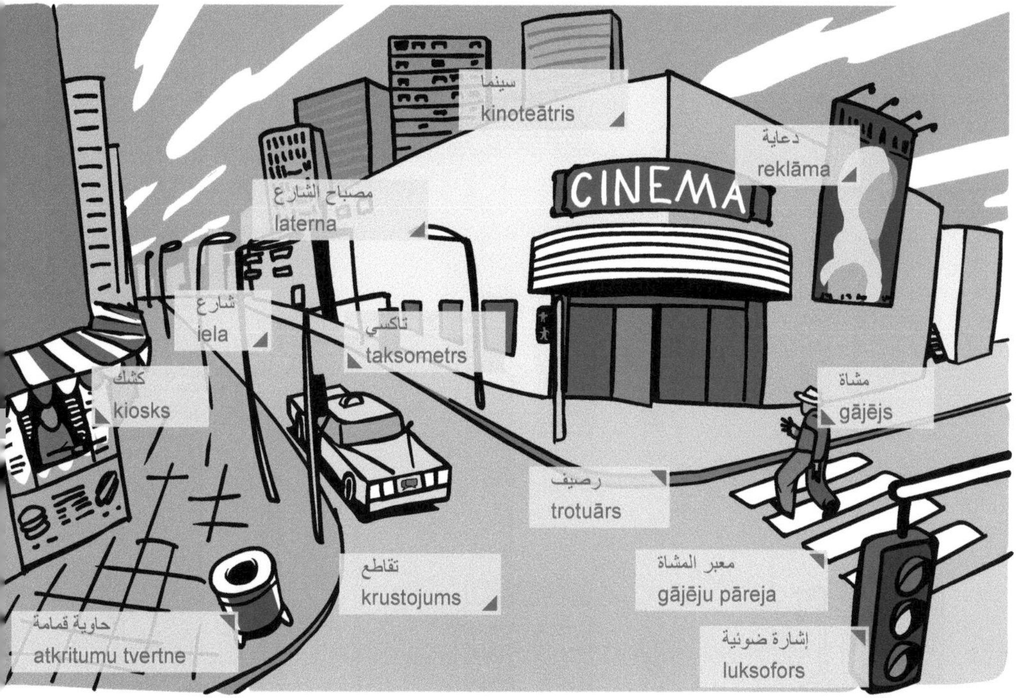
سينما
kinoteātris
دعاية
reklāma
CINEMA
مصباح الشارع
laterna
شارع
iela
تاكسي
taksometrs
كشك
kiosks
مشاة
gājējs
رصيف
trotuārs
تقاطع
krustojums
معبر المشاة
gājēju pāreja
حاوية قمامة
atkritumu tvertne
إشارة ضوئية
luksofors

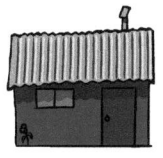

كوخ
....
būda

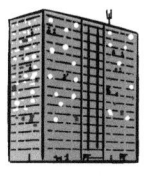

شقة
....
dzīvoklis

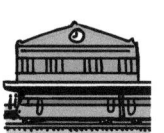

محطة قطار
....
dzelzceļa stacija

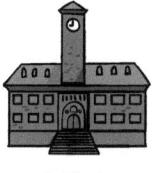

دار البلدية
....
rātsnams

MUSEUM

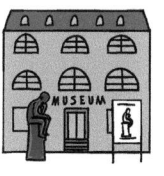

متحف
....
muzejs

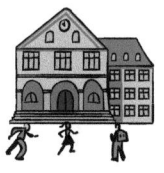

المدرسة
....
skola

الجامعة

universitāte

مصرف

banka

المستشفى

slimnīca

فندق

viesnīca

صيدلية

aptieka

مكتب

birojs

مكتبة

grāmatnīca

متجر

veikals

محل لبيع الزهور

ziedu veikals

سوبرماركت

lielveikals

سوق

tirgus

متجر كبير

tirdzniecības centrs

تاجر السمك

zivju tirgotājs

مركز تسوق

tirdzniecības centrs

ميناء

osta

حديقة عامة

parks

مقعد

sols

جسر

tilts

درج، سلم

kāpnes

مترو

metro

نفق

tunelis

موقف حافلات

autobusa pieturvieta

بار

bārs

مطعم

restorāns

صندوق البريد

pastkastīte

لافتة باسم الشارع

ielas nosaukuma plāksne

مقياس زمن الوقوف

stāvlaika skaitītājs

حديقة حيوانات

zooloģiskais dārzs

مسبح

peldbaseins

مسجد

mošeja

مزرعة

zemnieku saimniecība

تلوث البيئة

vides piesārņojums

مقبرة

kapsēta

كنيسة

baznīca

ملعب الأطفال

spēļu laukums

معبد

templis

طبيعة ريفية

ainava

ورقة
lapa

علامة إرشاد
ceļrādis

طريق
ceļš

مرج
pļava

حجر
akmens

شجرة
koks

رحالة
ceļotājs

نهر
upe

عشب
zāle

زهرة
puķe

وَادٍ
....
ieleja

جبل
....
kalns

بحيرة
....
ezers

غابة
....
mežs

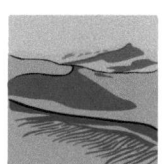

صحراء
....
tuksnesis

بركان
....
vulkāns

قلعة
....
pils

قوس قزح
....
varavīksne

فطر
....
sēne

نخلة
....
palma

بعوض
....
moskīts

ذبّانة
....
muša

نملة
....
skudra

نحلة
....
bite

عنكبوت
....
zirneklis

خنفساء

vabole

ضفدعة

varde

سنجاب

vāvere

قنفذ

ezis

أرنب

zaķis

بومة

pūce

عصفور

putns

بجعة

gulbis

خنزير برّي

meža cūka

غزال

briedis

إلكة

alnis

سد

aizsprosts

دولاب الطاحونة الهوائية

vēja ģenerators

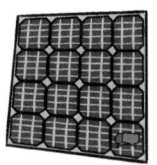

خلية شمسية

saules baterija

مناخ

klimats

مطعم
restorāns

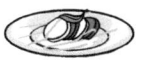

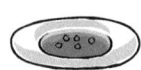

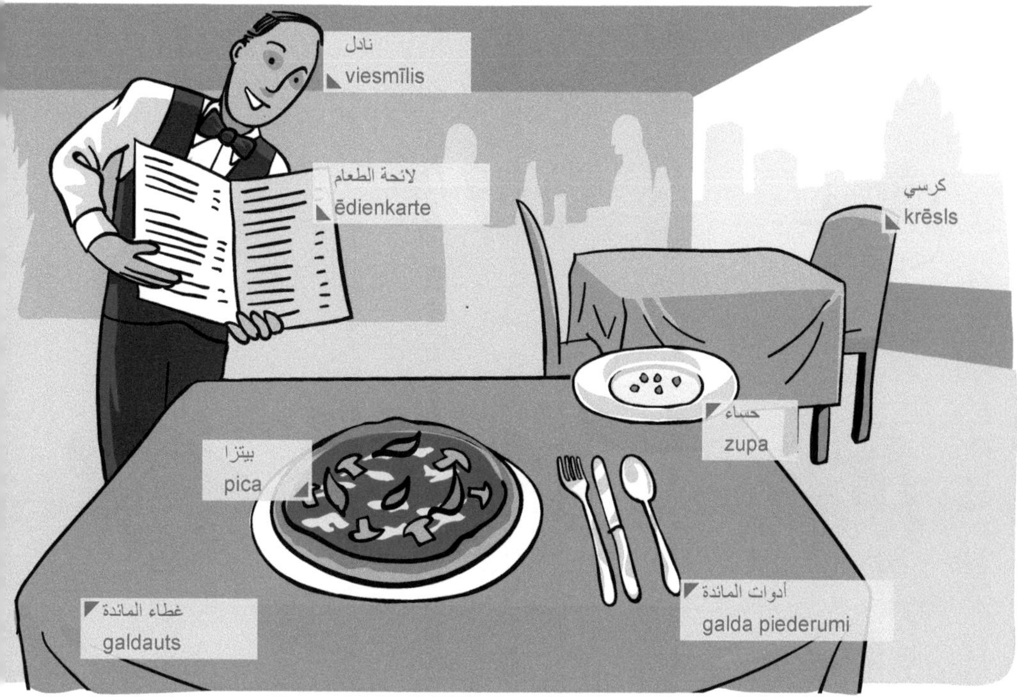

نادل
viesmīlis
لائحة الطعام
ēdienkarte
كرسي
krēsls
حساء
zupa
بيتزا
pica
غطاء المائدة
galdauts
أدوات المائدة
galda piederumi

مقبلات
....
uzkoda

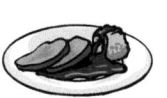

الصحن الرئيسي
....
pamatēdiens

حلوى أو فاكهة بعد الطعام
....
deserts

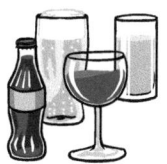

مشروبات
....
dzērieni

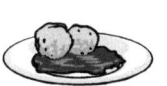

طعام
....
ēdiens

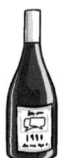

زجاجة
....
pudele

وجبات سريعة

ātrās uzkodas

طعام الشارع

ielu uzkodas

إبريق الشاي

tējkanna

علبة السكر

cukurtrauks

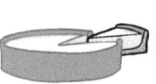

حصّة

porcija

آلة الإسبريسو

espresso kafijas automāts

كرسي عالٍ

bāra krēsls

فاتورة

rēķins

صينية

paplāte

سكين

nazis

شوكة

dakša

ملعقة

karote

ملعقة الشاي

tējkarote

منديل المائدة

salvete

كأس

glāze

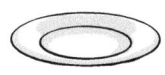

صحن
....
šķīvis

صحن الحساء
....
zupas šķīvis

صحن الفنجان
....
apakštase

صلصة
....
mērce

مملحة
....
sāls trauciņš

مطحنة الفلفل
....
piparu dzirnaviņas

خلّ
....
etiķis

زيت الطعام
....
eļļa

توابل
....
garšvielas

كتشاب
....
kečups

خردل
....
sinepes

مايونيز
....
majonēze

lielveikals

عرض خاص
piedāvājums
FOR
زبون
klients
مشتقات الحليب
piena produkti
فواكه
augļi
عربة تسوّق
iepirkumu ratiņi

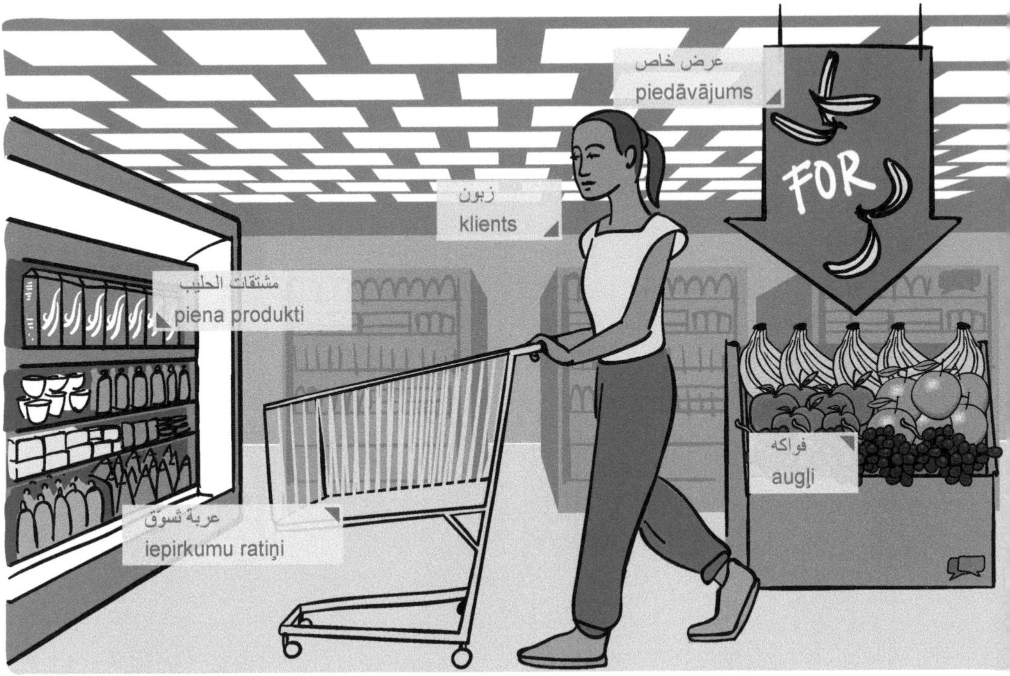

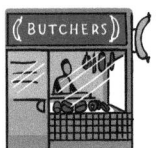

BUTCHERS

جزّار

kautuve

BAKERY

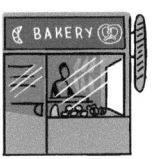

مخبز

maizes veikals

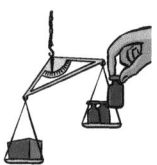

يزن

svērt

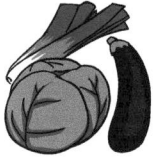

خضار

dārzeņi

لحم

gaļa

المأكولات المجمّدة

saldēti produkti

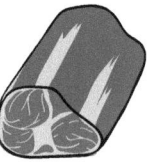

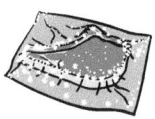

مرتدلا أو جبن
....
aukstās gaļas uzkodas

معلبات
....
konservi

مسحوق الغسيل
....
pulveris

حلويات
....
saldumi

المواد المنزلية
....
mājsaimniecības preces

منظّفات
....
tīrīšanas līdzeklis

بائعة
....
pārdevēja

صندوق الحساب
....
kase

أمين صندوق
....
kasieris

قائمة المشتريات
....
iepirkumu saraksts

أوقات العمل
....
darba laiks

محفظة النقود
....
maks

بطاقة انتمان
....
kredītkarte

حقيبة
....
soma

كيس بلاستيكي
....
maisiņš

ماء

ūdens

عصير

sula

حليب

piens

كولا

kola

نبيذ

vīns

بيرة

alus

كحول

alkohols

كاكاو

kakao

شاي

tēja

قهوة

kafija

قهوة إسبريسو

espresso

كابوتشينو

kapučīno

موزة

banāns

تفاح

ābols

برتقال

apelsīns

بطيخ

melone

ليمون

citrons

جزرة

burkāns

ثوم

ķiploks

خيزران

bambuss

بصل

sīpols

فطر

sēne

لوزيات

rieksti

شعيرية

makaroni

سباغيتي

spageti

أرزّ

rīsi

سلطة

salāti

بطاطا مقلية

frī kartupeļi

بطاطا مقلية

cepti kartupeļi

بيتزا

pica

هامبورغر

hamburgers

ساندويش

sviestmaize

شريحة لحم مقلية

šnicele

لحم خنزير

šķiņķis

سلامي

salami

سجق

desa

دجاج

vista

لحم محمر

cepetis

سمك

zivs

دقيق الشوفان

auzu pārslas

موسلي

muslis

كورن فلكس

brokastu pārslas

طحين

milti

كرواسان

radziņš

خبز صغير

brokastu maizītes

خبز

maize

خبز محمص

tostermaize

بسكويت

cepumi

زبدة

sviests

لبن زبادي

biezpiens

كعكة

kūka

بيضة

ola

بيض مقلي

cepta ola

جبنة

siers

مثلجات

saldējums

سكر

cukurs

عسل

medus

مربّى الفاكهة

marmelāde

كريم النوغا

riekstu krēms

الكاري

karijs

بيت الفلاح
zemnieka māja

رزمة من التبن
salmu rullis

مخزن غلال
šķūnis

حقل
lauks

حصان
zirgs

مقطورة
piekabe

مهر
kumeļš

جرار
traktors

حمار
ēzelis

خروف
aita

خروف
jērs

ماعز

kaza

بقرة

govs

عجل

teļš

خنزير

cūka

خنزير صغير

sivēns

ثور

bullis

إوزَة
zoss

بطة
pīle

صوص
cālis

دجاجة
vista

ديك
gailis

جرذ
žurka

قطَّة
kaķis

فأر
pele

ثور
vērsis

كلب
suns

كوخ الكلب
suņa būda

خرطوم الحديقة
dārza šļūtene

إبريق
lejkanna

منجل
izkapts

المحراث
arkls

منجل

sirpis

معزقة

kaplis

مذراة الزبل

mēslu dakša

بلطة

cirvis

عربة يد

ķerra

معلف

sile

صفيحة الحليب

piena kanna

كيس

maiss

سياج

žogs

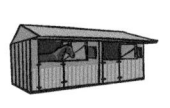

اصطبل

kūts

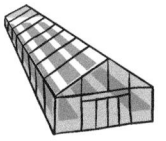

دفيئة

siltumnīca

تربة

augsne

بذور

sēklas

سماد

mēslojums

حصّادة درّاسة

kombains

يحصد
....
novākt ražu

محصول
....
raža

بطاطا يامس
....
jamss

قمح
....
kvieši

صويا
....
soja

بطاطا
....
kartupelis

ذرة
....
kukurūza

سلجم
....
rapsis

شجرة فاكهة
....
augļu koks

نبات منيهوت
....
manioka

الحبوب
....
labība

بيت

māja

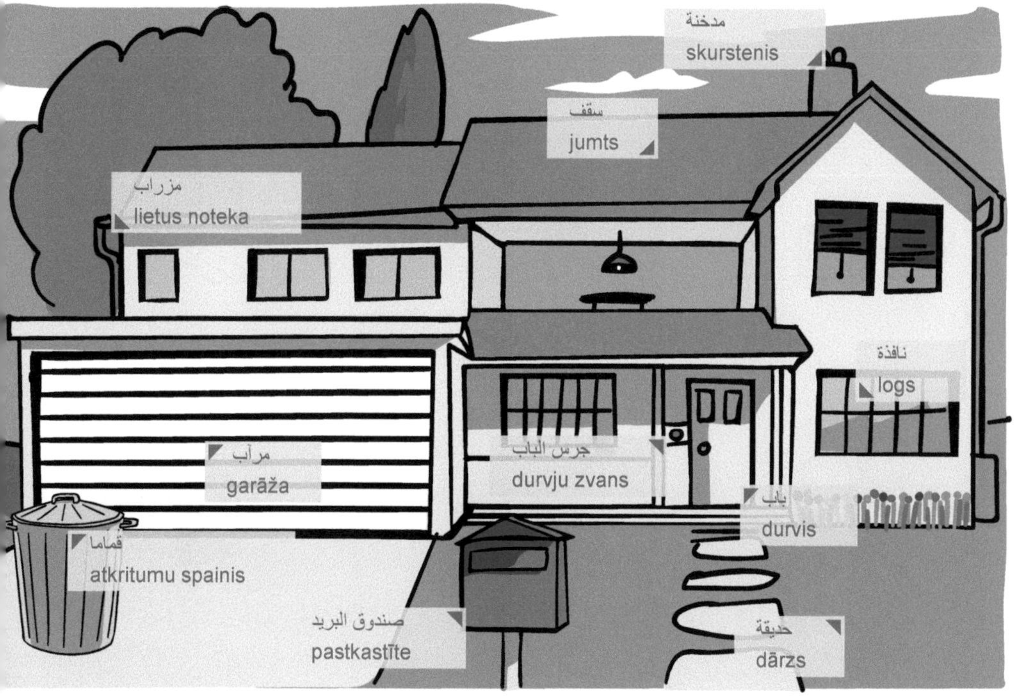

مدخنة
skurstenis
سقف
jumts
مزراب
lietus noteka
نافذة
logs
مرآب
garāža
جرس الباب
durvju zvans
باب
durvis
قمامة
atkritumu spainis
صندوق البريد
pastkastīte
حديقة
dārzs

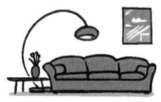

غرفة جلوس

viesistaba

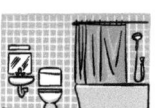

الحمّام

vannas istaba

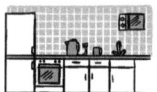

مطبخ

virtuve

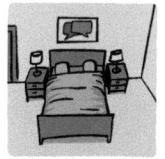

غرفة النوم

guļamistaba

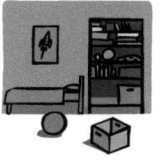

غرفة الأطفال

bērnu istaba

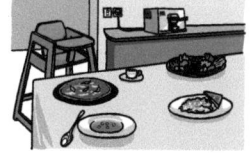

غرفة الطعام

ēdamistaba

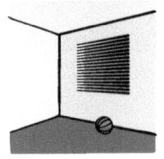

أرضية

grīda

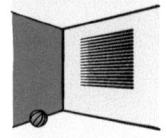

حائط

siena

سقف

griesti

قبو

pagrabs

ساونا

sauna

بلكون

balkons

شرفة

terase

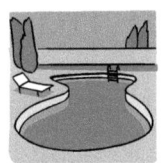

مسبح

baseins

جزّازة العشب

zāles pļāvējs

بياضات السرير

gultas veļa

بطانية

sega

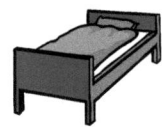

سرير

gulta

مكنسة

slota

سطل

spainis

مفتاح كهربائي

slēdzis

غرفة جلوس
viesistaba

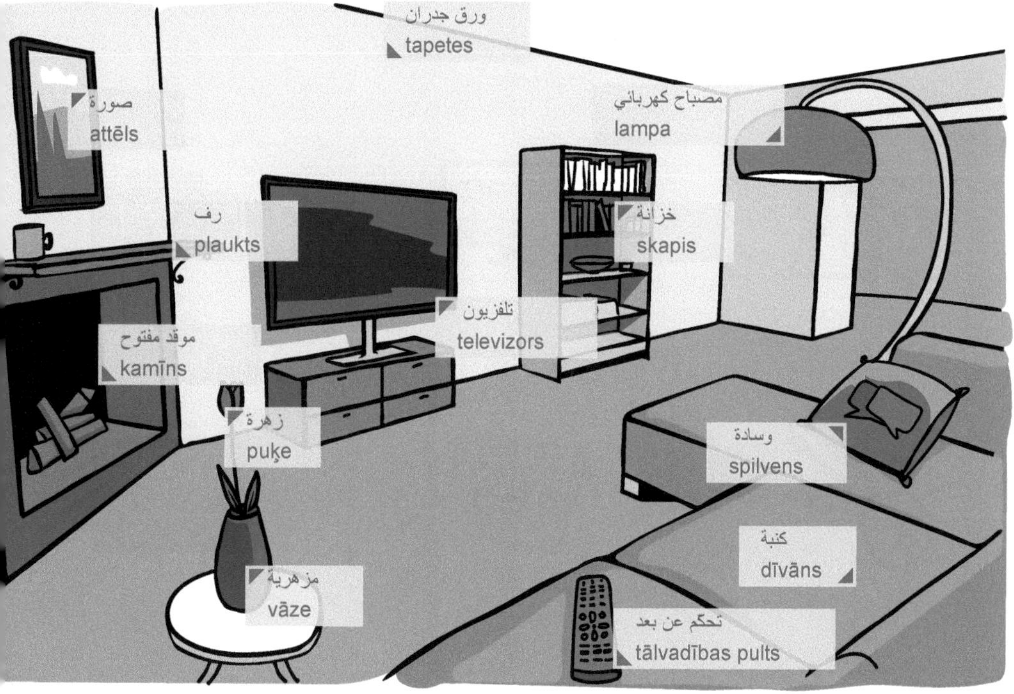
ورق جدران
tapetes
صورة
attēls
مصباح كهربائي
lampa
رف
plaukts
خزانة
skapis
تلفزيون
televizors
موقد مفتوح
kamīns
زهرة
puķe
وسادة
spilvens
كنبة
dīvāns
مزهرية
vāze
تحكم عن بعد
tālvadības pults

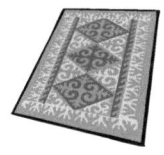

بصاط

paklājs

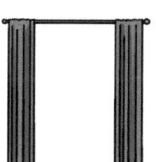

ستارة

aizkars

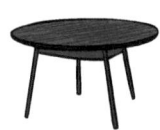

طاولة

galds

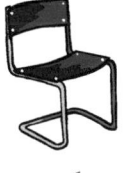

كرسي

krēsls

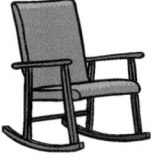

كرسي هزّاز

šūpuļkrēsls

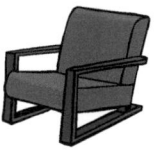

كرسي ذو ذراعين

atpūtas krēsls

الكتاب

grāmata

بطانية

sega

زخرفة

dekorācija

الحطب

malka

فيلم

filma

تجهيزات ستيريو

mūzikas centrs

مفتاح

atslēga

جريدة

avīze

لوحة مرسومة

glezna

مُلصق

plakāts

راديو

radio

دفتر ملاحظات

pierakstu blociņš

المكنسة الكهربائية

putekļu sūcējs

صبّار

kaktuss

شمعة

svece

مطبخ
virtuve

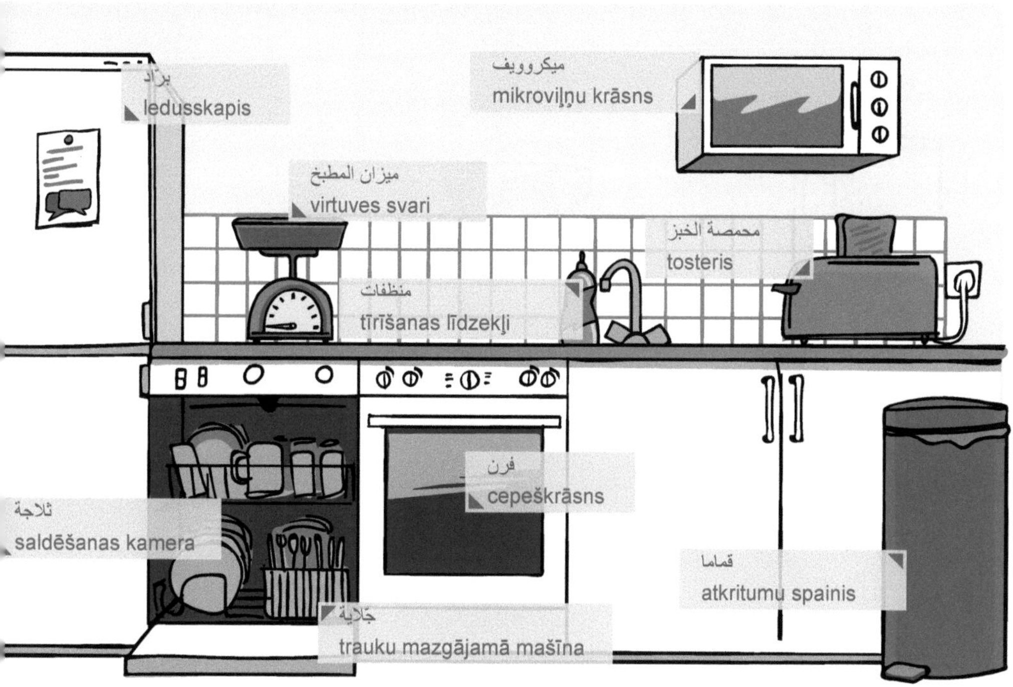

برّاد
ledusskapis
ميكروويف
mikroviļņu krāsns
ميزان المطبخ
virtuves svari
محمصة الخبز
tosteris
منظفات
tīrīšanas līdzekļi
فرن
cepeškrāsns
ثلاجة
saldēšanas kamera
قماما
atkritumu spainis
جّلاية
trauku mazgājamā mašīna

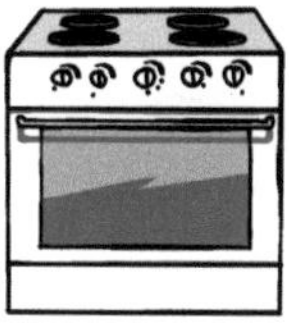

موقد
....
plīts

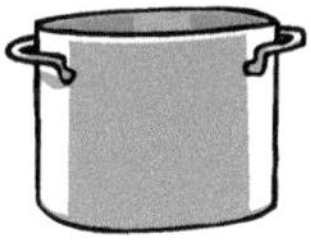

قِدر
....
pods

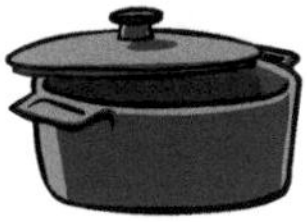

وعاء من الحديد
....
katls

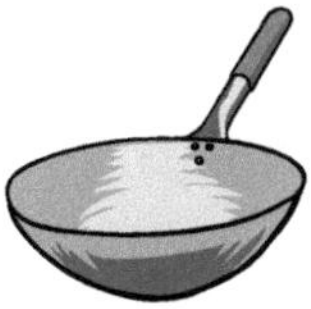

قدر صيني
....
Wok panna

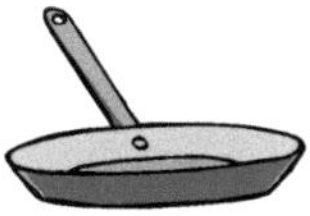

مقلاة
....
panna

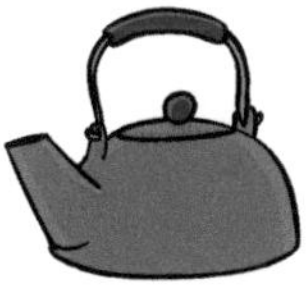

غلاية
....
elektriskā tējkanna

قدر البخار

tvaika katls

صينية

cepešpanna

أواني

trauki

فنجان

krūze

صحن

bļoda

عيدان الأكل

irbulīši

مغرفة

kauss

ملعقة منبسطة

lāpstiņa

خفاقة

putošanas slotiņa

مصفاة

sietiņš

مصفاة

siets

مبشرةَ

rīve

هاون

piesta

شواء

grilēt

موقد

atklāts pavards

لوح التقطيع

dēlis

نشّابة

mīklas rullis

مفتاح الزجاجات

korķu viļķis

علبة

bundža

مفتاح العلب المعدنية

konservu nazis

قماش الفرن

virtuves cimdi

مجلى

izlietne

فرشاة

birste

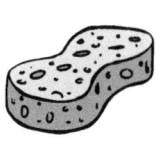

إسفنج

sūklis

خلاط

mikseris

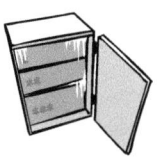

مجمّدة

saldētava

زجاجة الطفل

bērna pudelīte

صنبور الماء

ūdenskrāns

الحمّام

vannas istaba

تدفئة
apkure
منشفة
dvielis
دوش
duša
ستارة الدوش
dušas aizkari
حمام رغوة
vannas putas
حوض الحمام
vanna
كأس
glāze
غسّالة
veļas mašīna
صنبور الماء
ūdenskrāns
بلاط
flīzes
قفازات مطاطية
podiņš
مجلى
izlietne

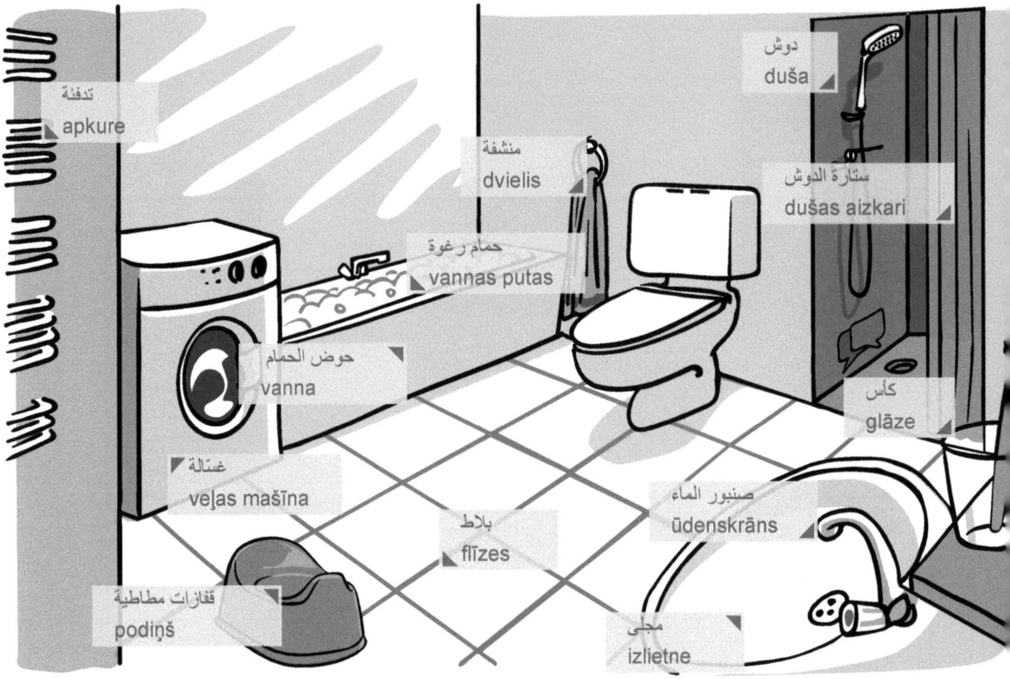

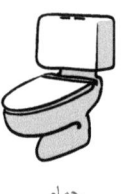

حمام
....
tualetes pods

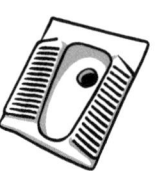

مرحاض القرفصاء
....
Āzijas tipa tualete

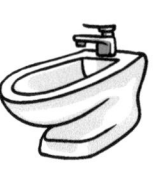

حوض التشطيف
....
bidē

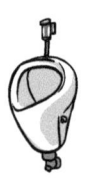

مبولة
....
pisuārs

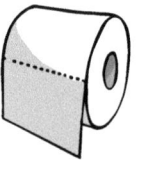

ورق المرحاض
....
tualetes papīs

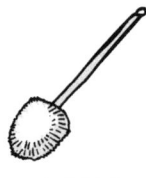

فرشاة الحمام
....
tualetes birste

فرشاة الأسنان

zobu birste

معجون الأسنان

zobu pasta

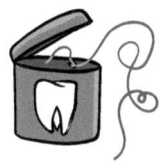

خيط حرير لتنظيف الأسنان

zobu diegs

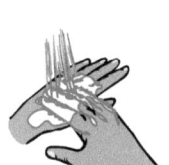

يغسل

mazgāt

رشاش ماء يدوي

rokas duša

شطاف

duša

حوض الغسيل

bļoda

فرشاة الظهر

muguras mazgāšanas birste

صابون

ziepes

جيل الدوش

dušas želeja

شامبو

šampūns

ممسحة

mazgāšanas drāna

مصرف للماء

noteka

مرهم

krēms

مزيل الروائح

dezodorants

مرآة

spogulis

مرآة يد

spogulītis

موس حلاقة

skuveklis

رغوة الحلاقة

skūšanās putas

كولونيا

losjons pēc skūšanās

مشط

ķemme

فرشاة

matu suka

سشوار

matu fēns

مثبت للشعر

matu laka

ماكياج

grima komplekts

روج

lūpu krāsa

طلاء أظافر

nagulaka

قطن

vate

مقص أظافر

šķērītes

عطر

smaržas

سلة الغسيل

kosmētikas maks

مقعد صغير

ķeblītis

ميزان

svari

معطف الحمام

halāts

قفازات مطاطية

tīrīšanas cimdi

سدادة قطنية

tampons

منشفة صحية

pakete

تواليت كيميائية

ķīmiskā tualete

غرفة الأطفال
bērnu istaba

منبّه
modinātājs
الحيوانات المحنطة
mīkstā rotaļlieta
سيارة لعبة
spēļu automašīna
خشخشة
grabulis
بيت الدمى
leļļu māja
هدية
dāvana

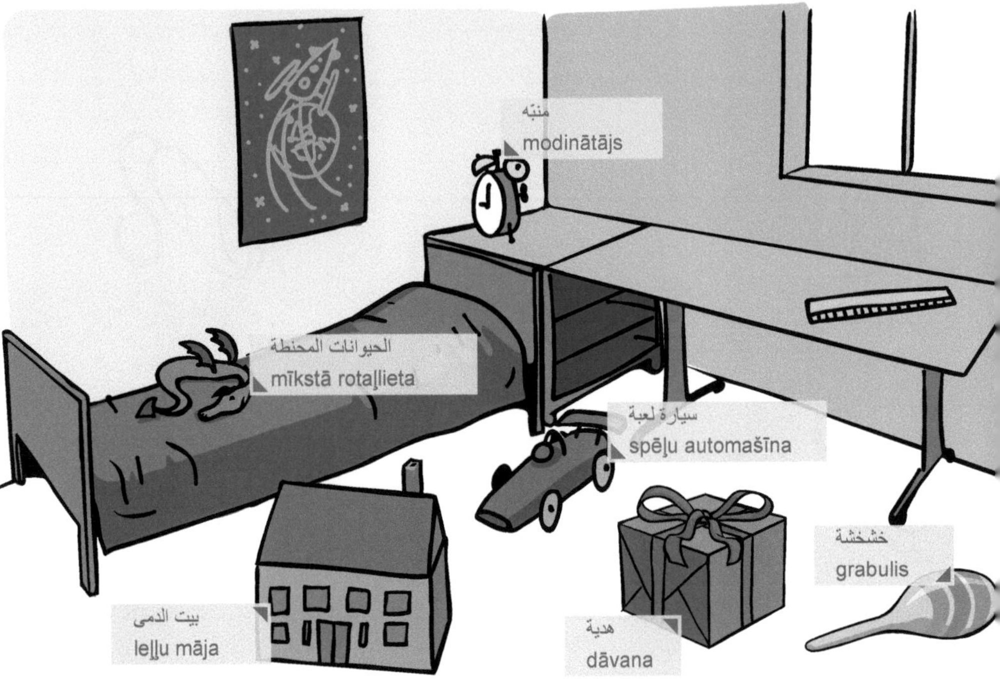

بالون
balons

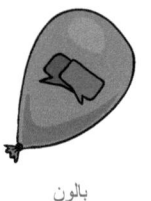

سرير
gulta

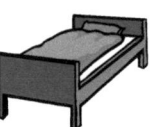

عربة الأطفال
bērnu ratiņi

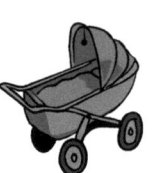

لعبة الورق
kārtis

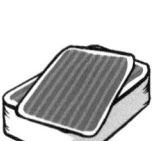

أحجية
puzle

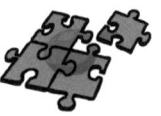

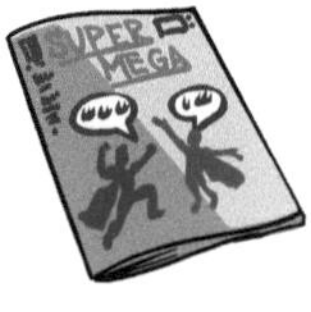

رسوم هزلية
komikss

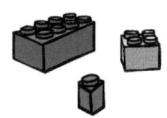

أحجار الليغو

LEGO klucīši

حجارة تركيب

klucīši

دمية بطل

varoņu figūra

لباس الطفل

rāpulītis

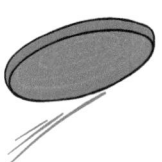

فريسبي

lidojošais šķīvītis

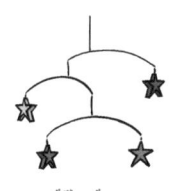

دمية معلّقة

muzikālais karuselis

لعبة الطاولة

galda spēle

لعبة النرد

metamais kauliņš

لعبة قطار

rotaļu dzelzceļš

مصّاصة

māneklis

حفلة

ballīte

كتاب مصوّر

bilžu grāmata

كرة

bumba

دمية

lelle

يلعب

spēlēt

ملعب رملي للأطفال

smilšu kaste

أرجوحة

šūpoles

لعبة

rotaļlietas

ألعاب فيديو

spēļu konsole

دراجة ثلاثية

trīsritenis

دمية على شكل الدب

plīša lācītis

خزانة الثياب

drēbju skapis

ثياب
apģērbs

جوارب قصيرة

īszeķes

جوارب طويلة

zeķes

جورب بنطلون

zeķbikses

شال
šalle

شمسية
lietussargs

تي شيرت
T-krekls

حزام
siksna

حذاء شتوي
zābaks

شبشب
čības

أحذية رياضية
botas

صندل
....
sandales

حذاء
....
kurpes

جزمة كاوتشوك
....
gumijas zābaki

سروال داخلي
....
apakšbikses

صدّارة
....
krūšturis

قميص داخلي
....
apakškrekls

لباس ملاصق للجسم

bodijs

بنطلون

bikses

جينز

džinsi

تنّورة

svārki

بلوزة

blūze

قميص

krekls

سترة قطنية

pulovers

كنزة كم طويل

džemperis

سترة فضفاضة

žakete

سترة

jaka

معطف

mētelis

معطف مطري

lietus mētelis

زي - طقم نسائي

kostīms

ثوب

kleita

ثوب الزفاف

kāzu kleita

طقم

uzvalks

قميص نوم

naktskrekls

بيجاما

pidžama

ساري

sari

حجاب

lakats

عمامة

turbāns

برقع

burka

قفطان

kaftāns

عباءة

abaja

مايوه

peldkostīms

سروال سباحة

peldbikses

شرت

šorti

بدلة رياضية

treniņtērps

مئزر

priekšauts

قفازات

cimdi

زر

poga

نظّارة

brilles

إسوارة

rokassprādze

عقد

kaklarota

خاتم

gredzens

قرط

auskars

طاقيّة

cepure

علاقة ثياب

drēbju pakaramais

قبّعة

platmale

ربطة العنق

kaklasaite

سحّاب

rāvējslēdzējs

خوذة

ķivere

حمّالة البنطلون

bikšturi

اللّباس المدرسي

skolas forma

زيّ موحّد

uniforma

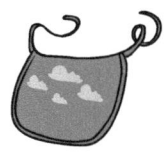

مريلة الأطفال
....
priekšautiņš

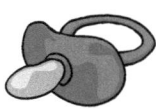

مصّاصة
....
māneklis

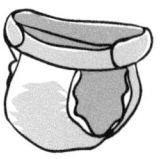

لفافة
....
autiņbiksītes

مكتب
birojs

المخدّم
serveris
خزانة الملفات
dokumentu skapis
طابعة
printeris
ورقة
papīrs
شاشة
monitors
طاولة المكتب
rakstāmgalds
فارة
pele
ملف
dokumentu vāki
لوحة المفاتيح
klaviatūra
قماما
papīrgrozs
حاسوب
dators
كرسي
krēsls

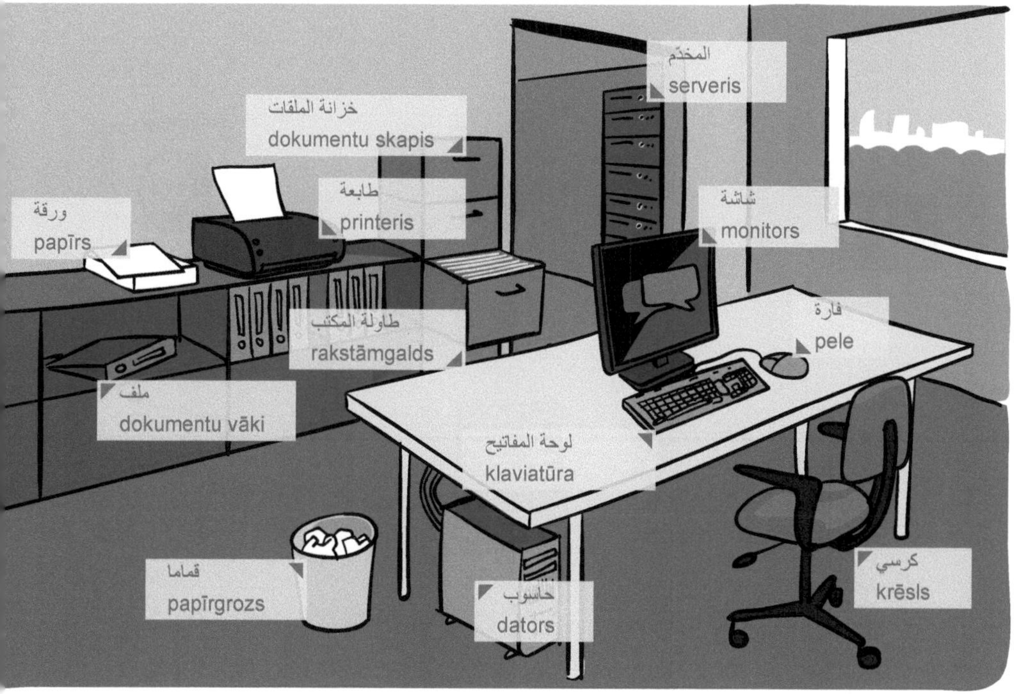

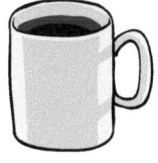

كأس من القهوة
....
kafijas krūze

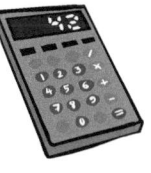

الآلة الحاسبة
....
kalkulators

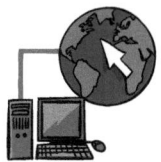

الإنترنت
....
internets

الحاسوب المحمول

portatīvais dators

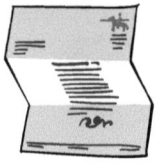

رسالة

vēstule

خبر

ziņa

الهاتف المحمول

mobilais tālrunis

شبكة

tīkls

جهاز تصوير

kopētājs

البرمجيات

programmatūra

هاتف

telefons

مقبس كهربائي

rozete

فاكس

faksa aparāts

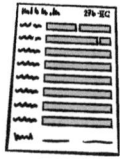

استمارة

formulārs

وثيقة

dokuments

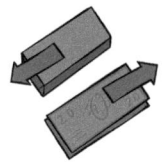

يشتري

pirkt

يدفع

samaksāt

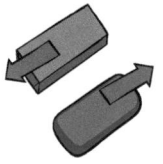

يتاجر

tirgot

مال

nauda

دولار

dolārs

يورو

eiro

ين

jēna

روبل

rublis

فرنك سويسري

franks

يوان

juaņa renminbi

روبية

rūpija

صرّاف آلي

bankomāts

مكتب صرافة

valūtas maiņas punkts

ذهب

zelts

فضة

sudrabs

نفط

nafta

طاقة

enerģija

سعر

cena

عقد

līgums

ضريبة

nodoklis

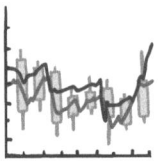

سهم

akcija

يعمل

strādāt

موظف

darbinieks

رب العمل

darba devējs

مصنع

fabrika

متجر

veikals

المِهَن
profesijas

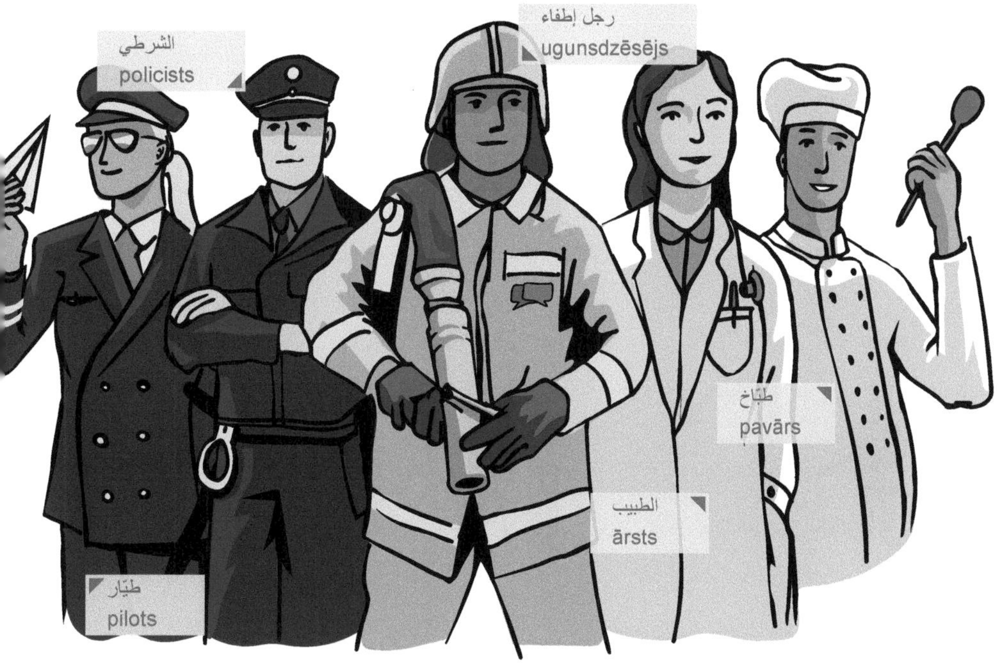
الشرطي
policists
رجل إطفاء
ugunsdzēsējs
طبّاخ
pavārs
الطبيب
ārsts
طيّار
pilots

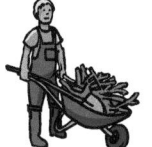

بستاني
....
dārznieks

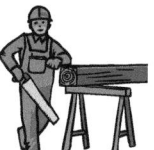

نجّار
....
galdnieks

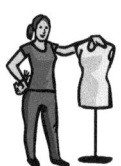

خيّاطة
....
šuvēja

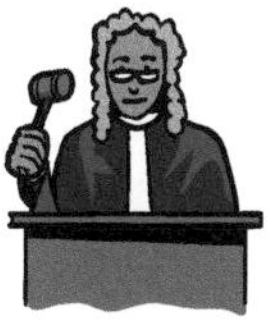

قاضٍ
....
tiesnesis

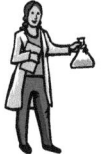

كيميائي
....
ķīmiķis

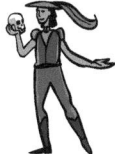

ممثل
....
aktieris

سائق حافلة

autobusa vadītājs

سائق تاكسي

taksometra vadītājs

صياد سمك

zvejnieks

أجيرة للتنظيف

apkopēja

بنّاء سقف

jumiķis

نادل

viesmīlis

صيّاد

mednieks

رسّام

gleznotājs

خبّاز

maiznieks

كهربائي

elektriķis

عامل بناء

celtnieks

مهندس

inženieris

لحّام

miesnieks

سمكري

skārdnieks

ساعي البريد

pastnieks

جندي

karavīrs

مهندس معماري

arhitekts

أمين صندوق

kasieris

بائع الزهور

florists

حلاق

frizieris

مراقب القطار

konduktors

ميكانيكي

mehāniķis

قبطان

kapteinis

طبيب أسنان

zobārsts

رجل العلم

zinātnieks

حاخام

rabīns

إمام

imāms

راهب

mūks

كاهن

mācītājs

عدة عمل
instrumenti

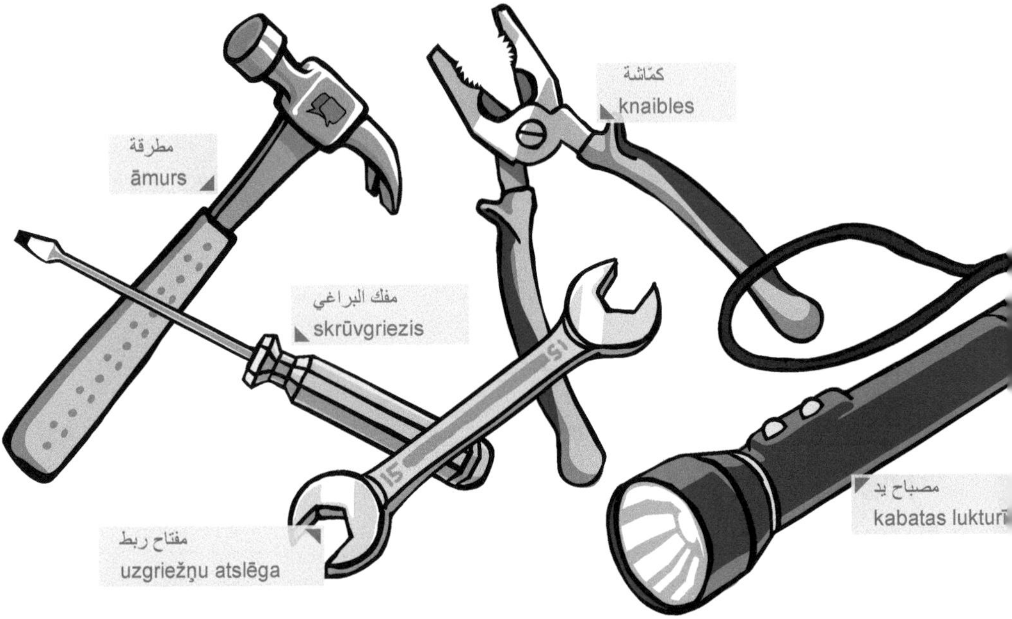

مطرقة
āmurs
كمّاشة
knaibles
مفك البراغي
skrūvgriezis
مصباح يد
kabatas lukturī
مفتاح ربط
uzgriežņu atslēga

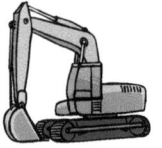

جرافة
ekskavators

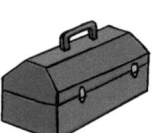

صندوق العدة
instrumentu kaste

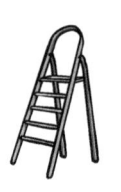

سلّم
kāpnes

منشار
zāģis

مسامير
naglas

مثقب
urbis

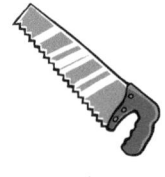

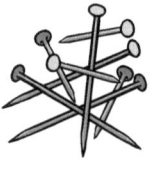

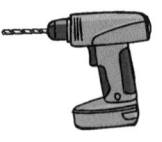

يصلح

remontēt

مجرفة

lāpsta

اللعنة

Velns!

لقاطة الكناسة

liekšķere

سطل الألوان

krāsas bundža

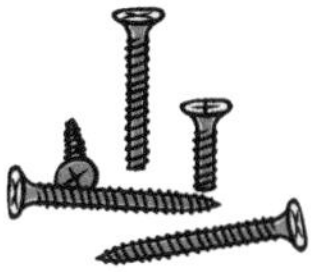

براغي

skrūves

آلات موسيقية
mūzikas instrumenti

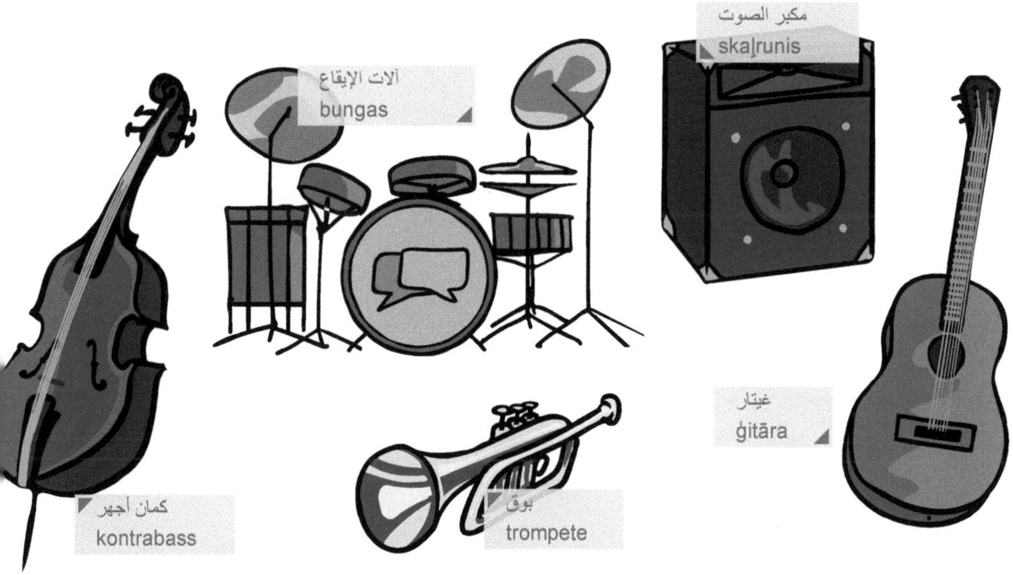

مكبر الصوت
skaļrunis

آلات الإيقاع
bungas

غيتار
ģitāra

كمان أجهر
kontrabass

بوق
trompete

بيانو

klavieres

كمنجة

vijole

جهير

bass

طبل كبير

timpāni

طبل

bungas

بيانو كهربائي

digitālās klavieres

ساكسوفون

saksofons

ناي

flauta

ميكروفون

mikrofons

حديقة حيوانات
zooloģiskais dārzs

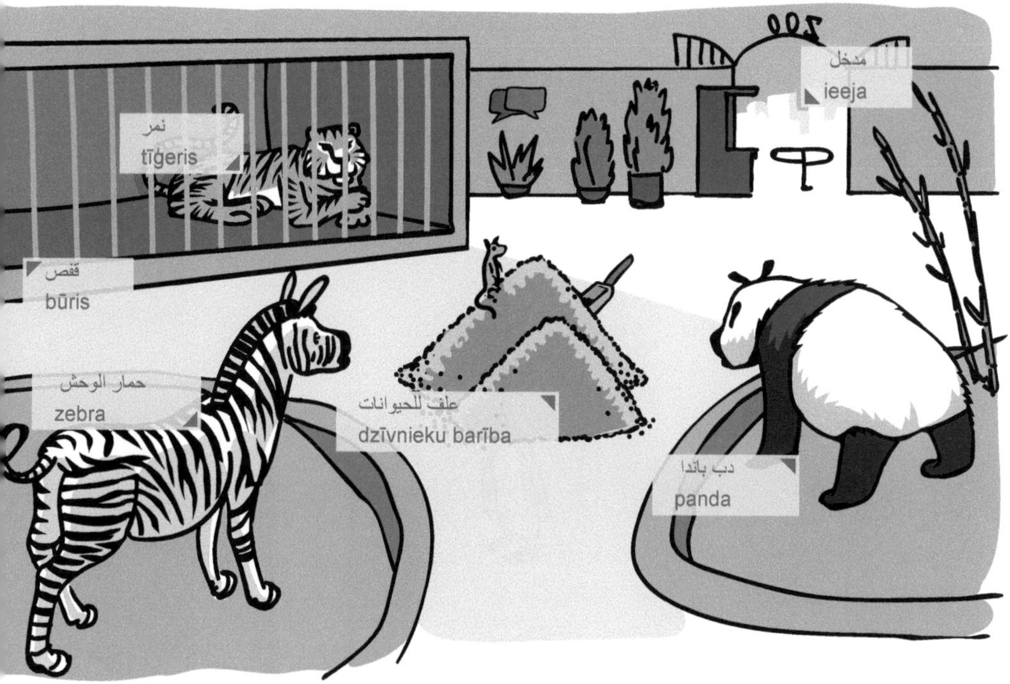

مدخل
ieeja
نمر
tīģeris
قفص
būris
حمار الوحش
zebra
علف للحيوانات
dzīvnieku barība
دب باندا
panda

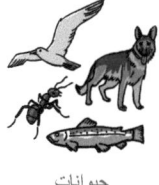

حيوانات
....
dzīvnieki

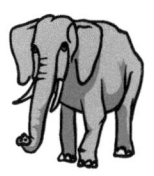

فيل
....
zilonis

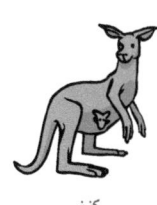

كنغر
....
ķengurs

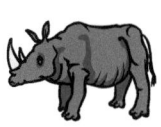

وحيد القرن
....
degunradzis

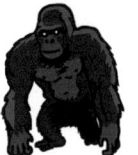

غوريلا
....
gorilla

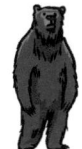

دب
....
lācis

جمل

kamielis

نعامة

strauss

أسد

lauva

قرد

pērtiķis

طائر فلامينغو

flamings

ببغاء

papagailis

دب قطبي

polārlācis

بطريق

pingvīns

سمك القرش

haizivs

طاووس

pāvs

أفعى

čūska

تمساح

krokodils

حارس في حديقة الحيوان

zoodārza sargs

عجل البحر

ronis

نمر أمريكي مرقط

jaguārs

فرس قزم
ponijs

نمر
leopards

فرس النهر
nīlzirgs

زرافة
žirafe

نسر
ērglis

خنزير برّي
meža cūka

سمك
zivs

سلحفاة
bruņurupucis

حيوان فظ البحري
valzirgs

ثعلب
lapsa

غزال
gazele

كرة القدم الأمريكية
amerikāņu futbols

ركوب الدراجات
riteņbraukšana

كرة التنس
teniss

كرة السلة
basketbols

السباحة
peldēšana

الملاكمة
bokss

هوكي الجليد
hokejs

كرة القدم
futbols

الريشة الطائرة
badmintons

ألعاب القوى الخفيفة
vieglatlētika

كرة اليد
rokas bumba

التزلج على الثلج
slēpošana

بولو
polo

يضحك
smieties

يقفز
lēkt

يعانق
apskaut

يمشي
iet

يغني
dziedāt

يحلم
sapņot

يصلي
lūgt

يقبل
skūpstīt

يكتب
rakstīt

يرسم
zīmēt

يُري
rādīt

يدفع
spiest

يعطي
dot

يأخذ
ņemt

يملك
....
būt

يعمل
....
darīt

يوجد
....
būt

يقف
....
stāvēt

يركض
....
skriet

يسحب
....
vilkt

يرمي
....
mest

يقع
....
krist

يستلقي
....
gulēt

ينتظر
....
gaidīt

يحمل
....
nest

يجلس
....
sēdēt

يلبس
....
uzģērbt

ينام
....
gulēt

يستيقظ
....
pamosties

ينظر إلى ..

skatīties

يبكي

raudāt

يمسّد

glāstīt

يمشّط

ķemmēt

يتكلم

runāt

يفهم

saprast

يسأل

jautāt

يسمع

dzirdēt

يشرب

dzert

يأكل

ēst

يرتّب

sakārtot

يحب

mīlēt

يطبخ

vārīt

يقّود

braukt

يطير

lidot

يبحر بزورق شراعي

burot

يحسب

rēķināt

يقرأ

lasīt

يتعلم

mācīties

يعمل

strādāt

يتزوج

precēties

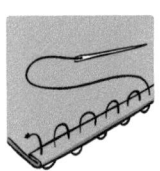

يخيط

šūt

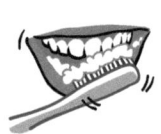

ينظف أسنانه

tīrīt zobus

يقتّل

nogalināt

يدخّن

smēķēt

يرسل

sūtīt

عائلة

ģimene

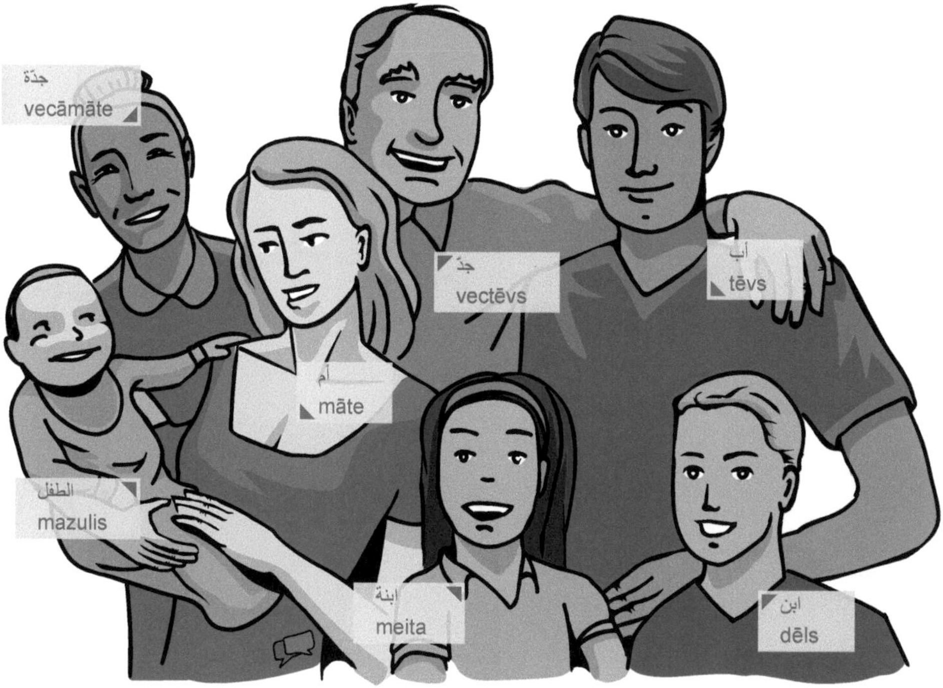

جدّة
vecāmāte
جدّ
vectēvs
أب
tēvs
أم
māte
الطفل
mazulis
ابنة
meita
ابن
dēls

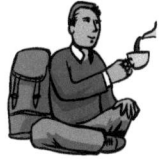

ضيف
viesis

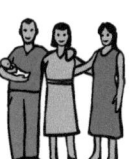

عمّة / خالة
tante

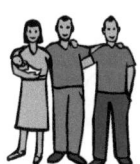

عمّ / خال
onkulis

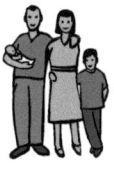

أخ
brālis

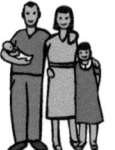

أخت
māsa

الجسم

ķermenis

الجبين
piere
العين
acs
الكتف
plecs
الإصبع
pirksts
الوجه
seja
الذقن
zods
اليد
roka
الساق
kāja
الصدر
krūtis
الذراع
roka

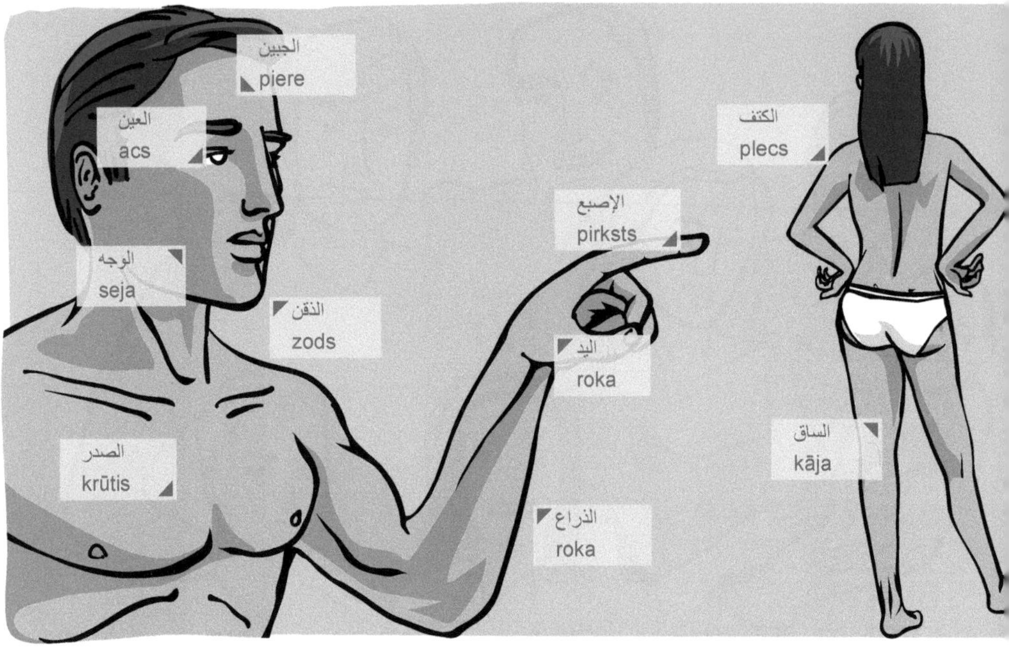

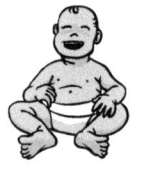

الطفل

mazulis

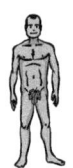

الرجل

vīrietis

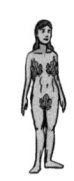

المرأة

sieviete

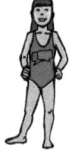

البنت

meitene

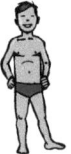

الولد

zēns

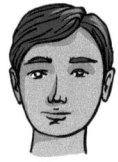

الرأس

galva

الظهر

mugura

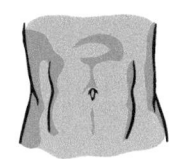

البطن

vēders

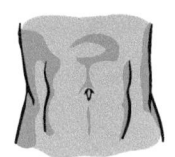

السرّة

naba

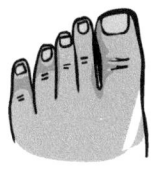

إصبع القدم

kājas pirksts

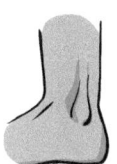

الكعب

papēdis

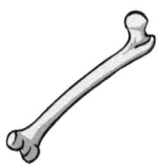

العظم

kauls

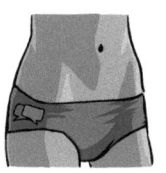

الورك

gurns

الركبة

celis

المرفق

elkonis

الأنف

deguns

العَجُز

dibens

البشرة

āda

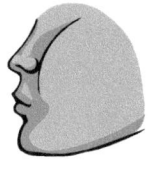

الخد

vaigs

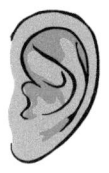

الأذن

auss

الشفة

lūpa

الفم
....
mute

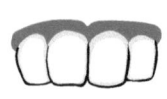

السن
....
zobs

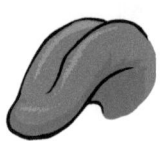

اللسان
....
mēle

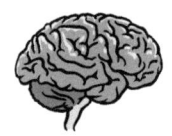

الدماغ
....
smadzenes

القلب
....
sirds

العضلة
....
muskulis

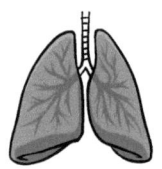

الرئة
....
plaušas

الكبد
....
aknas

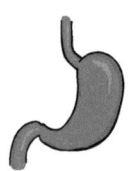

المعدة
....
kuņģis

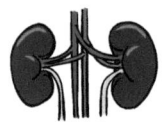

الكلى
....
nieres

الاتصال الجنسي
....
dzimumakts

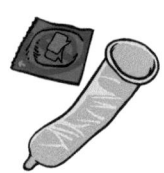

الواقي المطاطي
....
kondoms

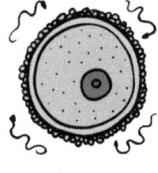

البويضة
....
olšūna

المنيّ
....
sperma

الحمل
....
grūtniecība

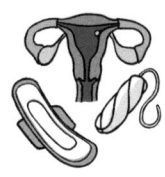

الحيض

menstruācijas

المهبل

vagīna

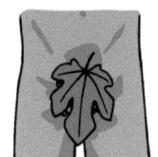

القضيب

penis

الحاجب

uzacs

الشعر

mati

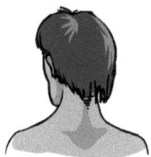

الرقبة

kakls

المستشفى
slimnīca

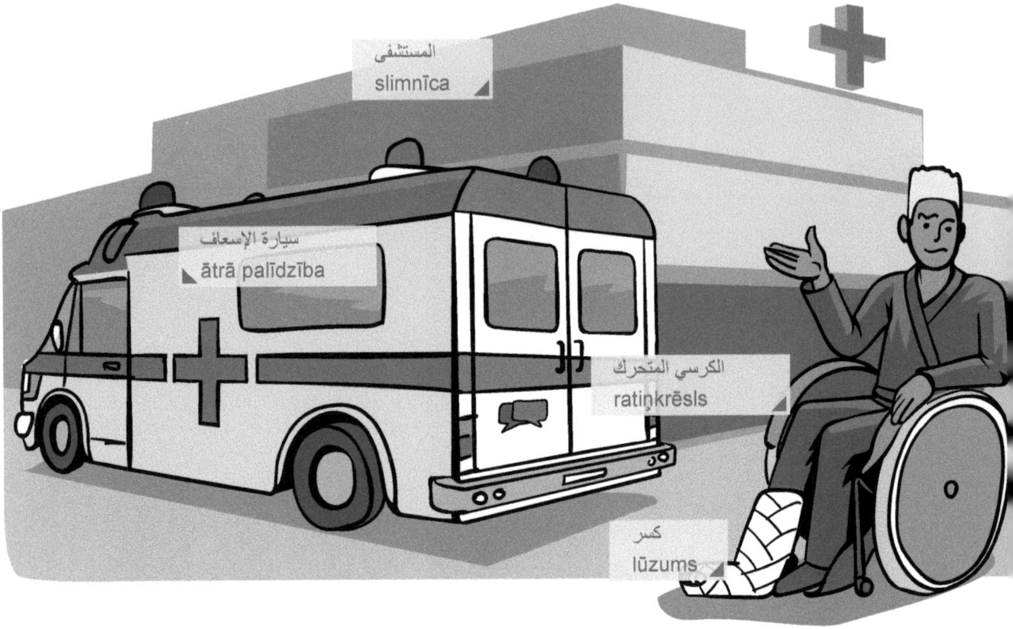

المستشفى
slimnīca
سيارة الإسعاف
ātrā palīdzība
الكرسي المتحرك
ratiņkrēsls
كسر
lūzums

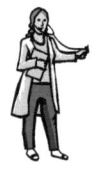

الطبيب

ārsts

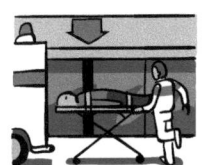

غرفة الإسعاف

neatliekamās palīdzības nodaļa

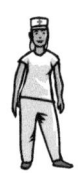

الممرضة

medmāsa

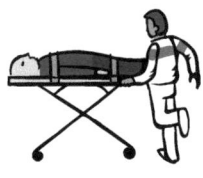

حالة

ārkārtas gadījums

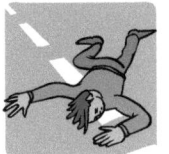

مغمى عليه

paģībis

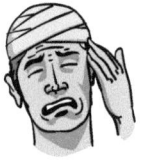

الألم

sāpes

إصابة

ievainojums

النزيف

asiņošana

احتشاء القلب

sirdslēkme

جلطة

insults

حسسية

alerģija

السعال

klepus

الحُمّى

temperatūra

إنفلونزا

gripa

الإسهال

caureja

وجع الرأس

galvassāpes

السرطان

vēzis

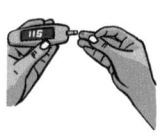

مرض السكر

diabēts

جرّاح

ķirurgs

مبضع

skalpelis

عملية

operācija

سيتي سكان

datortomogrāfija

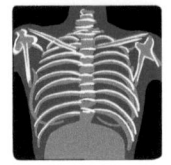

الأشعة السينية

rentgents

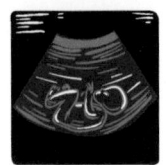

فوق الصوتي

ultraskaņa

القناع

sejas maska

المرض

slimība

غرفة الانتظار

uzgaidāmā telpa

العُكاز

kruķis

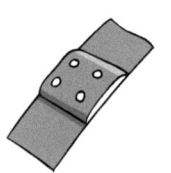

شريط لاصق

plāksteris

ضماد

apsējs

حقنة

injekcija

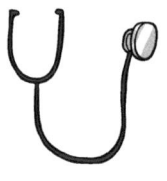

سمّاعة الطبيب

stetoskops

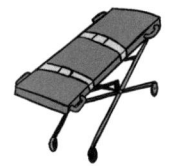

نقالة

nestuves

ميزان حرارة

termometrs

ولادة

dzemdības

وزن زائد

liekais svars

جهاز السمع

dzirdes aparāts

المواد المعقمة

dezinfekcijas līdzeklis

عدوى

infekcija

فيروس

vīruss

الإيدز

HIV / AIDS

الطب

zāles

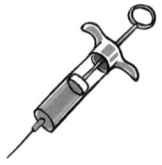

اللقاح

pote

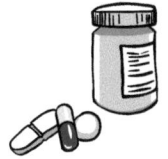

أقراص الدواء

tabletes

حبّة الدواء

pretapaugļošanās tablete

نداء النجدة

ārkārtas izsaukums

مقياس ضغط الدم

asinsspiediena mērītājs

مريض / صحيح

slims / vesels

النجدة!

Palīgā!

إنذار

trauksme

اعتّداء

uzbrukums

هجوم

uzbrukums

خطر

bīstamība

مخرج طوارئ

avārijas izeja

حريق!

Uguns!

جهاز الإطفاء

ugunsdzēšamais aparāts

حادث

negadījums

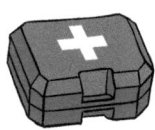

حقيبة الإسعاف الأولي

pirmās palīdzības aptieciņa

أنقذونا

SOS

الشرطة

policija

أوروبا

Eiropa

أمريكا الشمالية

Ziemeļamerika

أمريكا الجنوبية

Dienvidamerika

أفريقيا

Āfrika

آسيا

Āzija

أستراليا

Austrālija

المحيط الأطلسي

Atlantijas okeāns

المحيط الهادي

Klusais okeāns

المحيط الهندي

Indijas okeāns

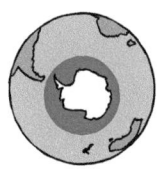

المحيط المتجمد الجنوبي

Dienvidu okeāns

المحيط المتجمد الشمالي

Ziemeļu ledus okeāns

القطب الشمالي

Ziemeļpols

القطب الجنوبي

Dienvidpols

منطقة القطب الجنوبي

Antarktika

أرض

zeme

بر

zeme

بحر

jūra

جزيرة

sala

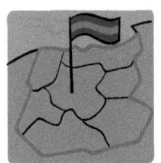

أمة

nācija

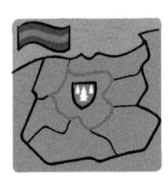

دولة

valsts

ميناء الساعة

ciparnīca

عقرب الساعات

stundu rādītājs

عقرب الدقائق

minūšu rādītājs

عقرب الثواني

sekunžu rādītājs

كم الساعة الآن؟

Cik ir pulkstenis?

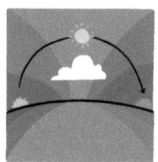

يوم

diena

زمن

laiks

الآن

tagad

ساعة رقمية

digitālais pulkstenis

دقيقة

minūte

ساعة

stunda

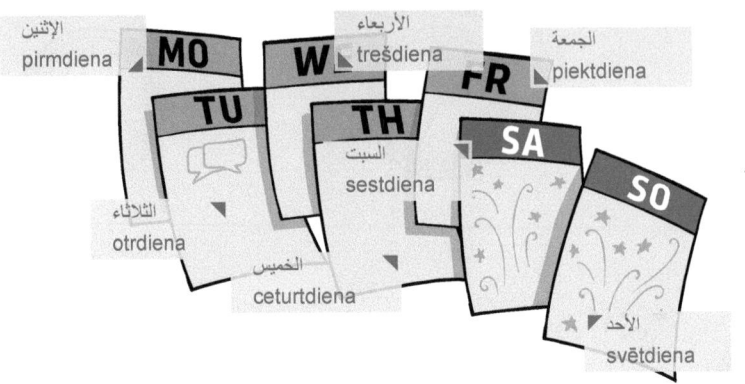

الإثنين
pirmdiena

الأربعاء
trešdiena

الجمعة
piektdiena

الثلاثاء
otrdiena

الخميس
ceturtdiena

السبت
sestdiena

الأحد
svētdiena

الأمس
vakardien

اليوم
šodien

غداً
rītdien

الصباح
rīts

الظهر
pusdienlaiks

المساء
vakars

أيام العمل
darbadienas

نهاية الأسبوع
brīvdienas

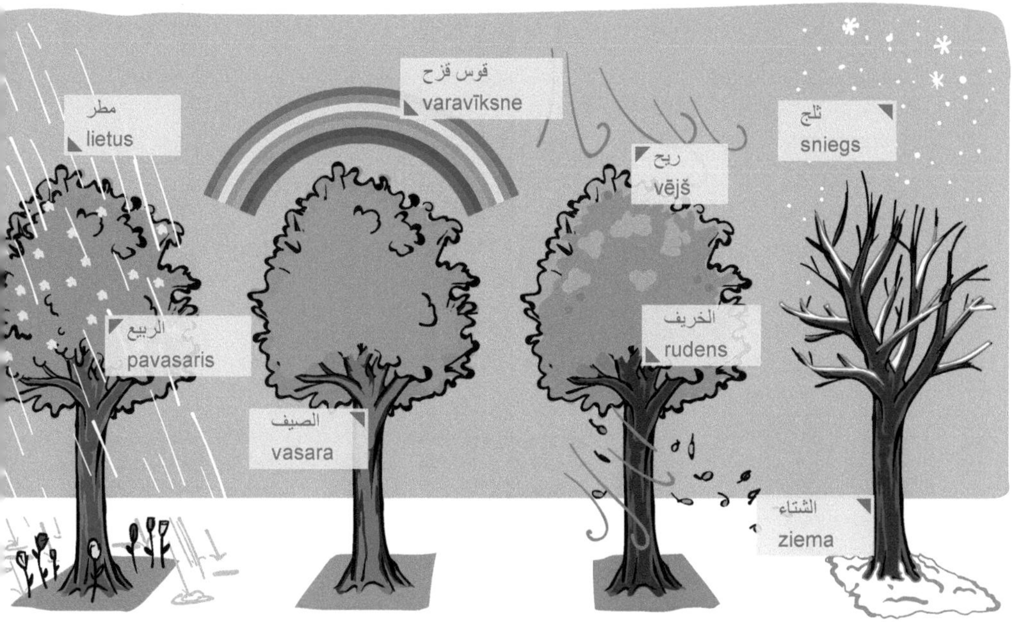

مطر
lietus
قوس قزح
varavīksne
ثلج
sniegs
ريح
vējš
الربيع
pavasaris
الخريف
rudens
الصيف
vasara
الشتاء
ziema

4.APRIL 11°
5.APRIL 4°
6.APRIL 13°
7.APRIL 8°
8.APRIL 10°

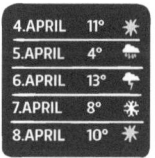

التنبّؤ بالحالة الجوية

laika prognoze

F
C
120
90
60
30
0
-30
40
30
20
10
0
-10
-20

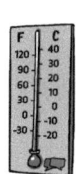

مقياس حرارة

termometrs

ضوء الشمس

saules gaisma

سحابة

mākonis

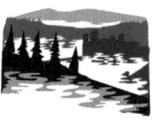

ضباب

migla

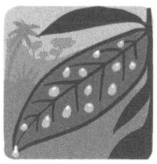

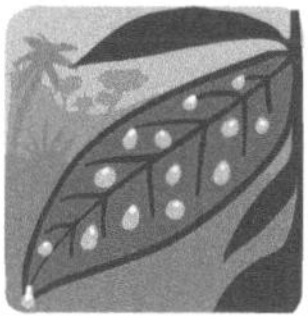

رطوبة الجو

gaisa mitrums

برق
....
zibens

رعد
....
pērkons

عاصفة
....
vētra

بَرَد
....
krusa

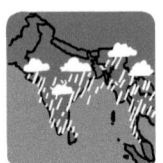

ريح موسمية
....
musons

طوفان
....
plūdi

جليد
....
ledus

كانون الثاني / يناير
....
janvāris

شباط / فبراير
....
februāris

آذار / مارس
....
marts

نيسان / أبريل
....
aprīlis

أيار / مايو
....
maijs

حزيران / يونيو
....
jūnijs

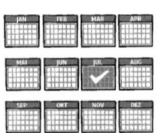

تموز / يوليو
....
jūlijs

آب / أغسطس
....
augusts

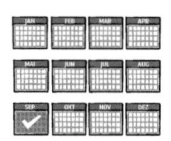

أيلول / سبتمبر
....
septembris

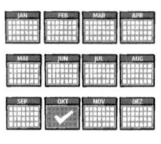

تشرين الأول / أكتوبر
....
oktobris

تشرين الثاني / نوفمبر
....
novembris

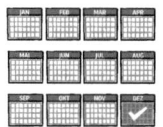

كانون الأول / ديسمبر
....
decembris

دائرة
....
aplis

مربّع
....
kvadrāts

مستطيل
....
četrstūris

مثلّث
....
trīsstūris

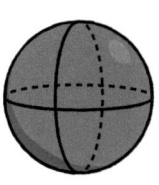

كرة
....
lode

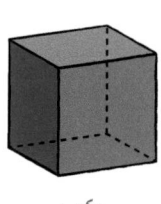

مكعب
....
kubs

أبيض

balts

أصفر

dzeltens

برتقالي

oranžs

وردي

sārts

أحمر

sarkans

بنفسجي

lillā

أزرق

zils

أخضر

zaļš

بُني

brūns

رمادي

pelēks

أسود

melns

كثير / قليل

daudz / maz

غضبان / هادئ

saniknots / miermīlīgs

جميل / قبيح

skaists / neglīts

بداية / نهاية

sākums / beigas

كبير / صغير

liels / mazs

فاتح / قاتم

gaišs / tumšs

أخ / أخت

brālis / māsa

نظيف / وسخ

tīrs / netīrs

كامل / ناقص

pilnīgs / nepilnīgs

نهار / ليل

diena / nakts

ميت / حيّ

miris / dzīvs

عريض / ضيّق

plats / šaurs

صالح للأكل / غير صالح

baudāms / nebaudāms

شرّير / لطيف

nikns / laipns

مثير / ممل

satraukts / garlaikots

سمين / نحيف

resns / tievs

أولاً / أخيراً

pirmais /pēdējais

صديق / عدو

draugs / ienaidnieks

مليء / فارغ

pilns / tukšs

صلب / ليّن

ciets / mīksts

ثقيل / خفيف

smags / viegls

جوع / عطش

izsalkums / slāpes

مريض / صحيح

slims / vesels

غير شرعي / شرعي

nelegāls / legāls

ذكي / غبي

inteliģents / dumjš

يسار / يمين

kreisais / labais

قريب / بعيد

tuvu / tālu

جديد / مستعمل

jauns / lietots

لا شيء / بعض الشيء

nekas / kaut kas

مسين / شاب

vecs / jauns

يشعل / يطفئ

ieslēgts / izslēgts

مفتوح / مغلق

atvērts / slēgts

خافت / عالٍ

kluss / skaļš

غني / فقير

bagāts / nabags

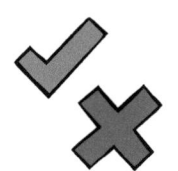

صح / خطأ

pareizi / nepareizi

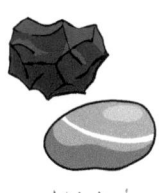

أحرش / املس

raupjš / gluds

حزين / سعيد

noskumis / laimīgs

قصير / طويل

īss / garš

بطيء / سريع

lēns / ātrs

مبلول / جاف

slapjš / sauss

ساخن / بارد

silts / vēss

حرب / سلم

karš / miers

0

صفر

nulle

1

واحد

viens

2

اثنان

divi

3

ثلاثة

trīs

4

أربعة

četri

5

خمسة

pieci

6

ستة

seši

7

سبعة

septiņi

8

ثمانية

astoņi

9

تسعة

deviņi

10

عشرة

desmit

11

أحد عشر

vienpadsmit

12
اثنا عشر

divpadsmit

13
ثلاثة عشر

trīspadsmit

14
أربعة عشر

četrpadsmit

15
خمسة عشر

piecpadsmit

16
ستة عشر

sešpadsmit

17
سبعة عشر

septiŋpadsmit

18
ثمانية عشر

astoŋpadsmit

19
تسعة عشر

deviŋpadsmit

20
عشرون

divdesmit

100
مائة

simts

1.000
ألف

tūkstotis

1.000.000
مليون

miljons

الإنكليزية

angļu

الإنكليزية الأمريكية

amerikāņu angļu

لغة ماندارين الصينية

ķīniešu mandarīnu valoda

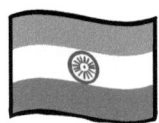

الهندية

hindi

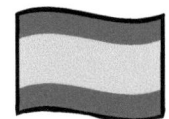

الإسبانية

spāņu

الفرنسية

franču

العربية

arābu

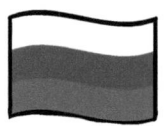

الروسية

krievu

البرتغالية

portugāļu

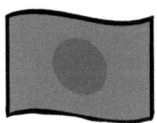

البنغالية

bengāļu

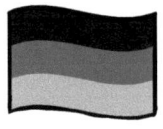

الألمانية

vācu

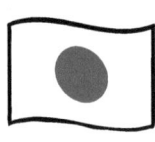

اليابانية

japāņu

أنا

es

أنت

tu

هو / هي

viņš / viņa

نحن

mēs

أنتم

jūs

هم

viņi / viņas

من؟

kas?

ماذا؟

ko?

كيف؟

kā?

أين؟

kur?

متى؟

kad?

اسم

vārds

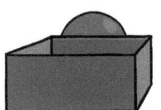

خلف

aiz

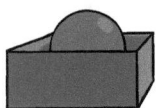

في

iekšā

أمام

priekšā

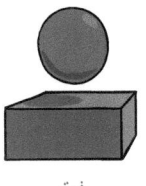

فوق

virs

على

uz

تحت

zem

جنب

blakus

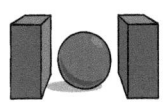

بين

starp

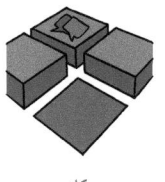

مكان

vieta